BEI GRIN MACHT SICH IHR WISSEN BEZAHLT

- Wir veröffentlichen Ihre Hausarbeit, Bachelor- und Masterarbeit

- Ihr eigenes eBook und Buch - weltweit in allen wichtigen Shops

- Verdienen Sie an jedem Verkauf

Jetzt bei www.GRIN.com hochladen und kostenlos publizieren

Entwicklung eines Studiendesigns, Besonderheiten der Patienten und Metaanalyse. Sporttherapeutische Intervention und Panikpatienten

GRIN

Bibliografische Information der Deutschen Nationalbibliothek:

Die Deutsche Nationalbibliothek verzeichnet diese Publikation in der Deutschen Nationalbibliografie; detaillierte bibliografische Daten sind im Internet über http://dnb.d-nb.de abrufbar.

ISBN: 9783346897084
Dieses Buch ist auch als E-Book erhältlich.

Druck und Bindung: Books on Demand GmbH, Norderstedt Germany
Gedruckt auf säurefreiem Papier aus verantwortungsvollen Quellen

Das vorliegende Werk wurde sorgfältig erarbeitet. Dennoch übernehmen Autoren und Verlag für die Richtigkeit von Angaben, Hinweisen, Links und Ratschlägen sowie eventuelle Druckfehler keine Haftung.

Das Buch bei GRIN: https://www.grin.com/document/1367016

Einsendeaufgabe

Alternative A

SRH Fernhochschule – The Mobile University

Studiengang: Forschung Psychologie M. Sc.

Inhaltsverzeichnis

Abkürzungsverzeichnis

FEM	Fixed-Effects-Model
ICD	Internationale Klassifikation psychischer Störungen
KVT	Kognitive Verhaltenstherapie
MADSR	Montgomery-Asberg-Depression-Rating-Scale
REM	Random-Effects-Models
SWE	Selbstwirksamkeitserwartung

Abbildungsverzeichnis

Tabellenverzeichnis

Aufgabe 1: Entwicklung eines Studiendesigns

1.1 Das Setting

Eine psychiatrische Klinik mit Schwerpunkt auf der Behandlung von Angsterkrankungen möchte ihr Behandlungskonzept innovativ gestalten. Weil einer der leitenden Psychologen in den letzten Monaten in wissenschaftlichen Zeitschriften erfahren hat, dass sich Sport positiv auf Angst- und Panikpatienten auswirken soll, beschließt das Kollegium eine Studie zu diesem Thema durchzuführen. Nach den aktuell geltenden Empfehlungen der S3-Leitlinie stehen im Fokus der Behandlung von Panikstörungen derzeit die kognitive Verhaltenstherapie (KVT) und Pharmakotherapie (medikamentöse Behandlung) (Bandelow et al., 2021, S. 12). Weiter benötigt die Diagnose eine systematische, konsequente, längerfristige und multimodale Behandlung[1] (Tölle/Windgassen, 2009, S. 88). Diese soll nun um sporttherapeutische Elemente durch einen Physiotherapeuten ergänzt werden. Die Sporteinheiten sind für drei Tage in der Woche geplant. In einer Gruppe sollen nicht mehr als zehn Teilnehmer sein, damit eine adäquate Betreuung durch den Physiotherapeuten gewährleistet ist. Die Wochenenden sind frei und dienen ggf. einer Erprobung der Patienten im häuslichen Umfeld.

Der Zeitraum der Studie ist insgesamt für zwei Jahre vorgesehen. Dabei soll ein Jahr für die Durchführung der sporttherapeutischen Intervention während des Klinikaufenthaltes verwendet werden. Darüber hinaus erhalten die Studienteilnehmer jeweils drei, sechs und zwölf Monate nach ihrem Klinikaufenthalt im Rahmen einer Follow-up-Messung nochmals einen Fragebogen, um Aussagen über die Nachhaltigkeit des Programms treffen zu können.

Damit verzerrende Effekte so gering wie möglich bleiben, erhalten sowohl die Versuchs- als auch die Kontrollgruppe gleiche Untersuchungsbedingungen, d. h. die Räume, Psychotherapeuten, behandelnde Ärzte und Physiotherapeuten sollen in dem Jahr der Hauptuntersuchung für beide Gruppen innerhalb der Klinik weitgehend personell identisch besetzt bleiben. Gleiches gilt für die Gruppengrößen und Häufigkeit der Therapieeinheiten.

---

[1] Eine multimodale Therapie ist ein umfassender therapeutischer Ansatz, welcher Verhalten, Affekte, Empfindungen, Vorstellungen, Kognition, zwischenmenschliche Beziehungen und biologische Faktoren berücksichtigt. Die Begründung liegt darin, dass Verhaltens- und kognitive Therapien häufig nur kurzfristige Besserungen leisten. Zudem geht man davon aus, dass die Ursachen der Symptome multidimensional sind, weshalb eine einseitige Therapie der Komplexität des Menschen nicht gerecht werden würde. Ziel ist die Aneignung von umfassenden Copingstrategien, die für unterschiedliche Situationen brauchbar sind (Lexikon der Psychologie, https://www.spektrum.de/lexikon/psychologie/multimodale-therapie/10109, Abruf 01.05.2023).

Bezüglich der ethischen Fragen hat sich das Forschungsteam reichlich Gedanken gemacht: Die Patienten werden nach ihrer Einwilligung zur Teilnahme an der Studie gefragt, wie es aus ethischen Gründen gefordert ist (Friedrich, 2019, S. 68). Unumgänglich ist auch die Information, dass auf unterschiedliche Behandlungsmöglichkeiten hingewiesen wird. Allerdings erfahren die Patienten zunächst nicht, ob sie der Experimental- oder Kontrollgruppe zugeteilt werden und welches spezifische Ziel die Untersuchung verfolgt. Somit liegt eine Blindstudie vor. Das Ziel der Verblindung sind die Reduzierung von Störfaktoren und die Steigerung der Validität (Döring/Bortz, 2016, S. 198). Das Forschungsteam rechtfertigt dieses Vorgehen damit, dass eine umfassende Vorabinformation die Ergebnisse in einer nicht mehr vertretbaren Weise verzerren würde (Friedrich, 2019, S. 68). Allerdings verpflichten sie sich gegenüber den Patienten dazu, am Ende der Erhebung umfassend über das Vorgehen und die Ergebnisse aufzuklären. Darüber hinaus erhalten die Patienten die Möglichkeit der Verwendung ihrer Daten zu widersprechen (Döring/Bortz, 2016, S. 198). Auf diese Weise soll den Probanden Sicherheit gegeben werden, dass sie einer wissenschaftlichen Verwendung ihrer Daten nicht machtlos zusehen müssen, wenn sie dies nicht wollen. Die Initiatoren der Studie legen Wert darauf, den Teilnehmern vorab in einem persönlichen Gespräch darzulegen, wie wichtig und wertvoll ihre Bereitschaft für die Weiterentwicklung und Verbesserung der Behandlung ihrer Erkrankung ist.

1.2 Studiendesign

Die Durchführung der Studie erfolgt mittels eines quantitativen Studiendesigns, weil es für die vorliegende Fragestellung deutliche Vorteile bietet. Auf diese Weise bleiben die Subjektivität und Persönlichkeit der Forschenden möglichst unbeachtet, womit das Gütekriterium der Objektivität gestärkt wird (Tausch, 2018, S. 13). Des Weiteren weisen Angst- bzw. Panikpatienten ganz bestimmte Krankheitssymptome auf (ausführlich hierzu in Aufgabe 2), weshalb ein quantitativer Studienaufbau einem qualitativen vorzuziehen ist. Für die Erhebung nutzt die Einrichtung deshalb einen standardisierten Fragebogen, der geschlossene Fragen und Antwortmöglichkeiten bietet. Eine unkomplizierte Bearbeitung ist durch bloßes Ankreuzen der entsprechenden Antwortmöglichkeit gegeben und nicht, wie z. B. bei einem qualitativen Studiendesign üblich, das Ausformulieren von Antworten oder gar das Aufzeichnen von Interviews. Die Forscher erhoffen sich dadurch einerseits eine höhere Bereitschaft der Patienten an der Studie mitzuwirken und andererseits gehen sie hiermit auf die große psychische Belastung der Patienten ein, indem sie jeglichen zusätzlichen Stress wie Tonaufnahmen oder intensive schriftliche Reflektierungen vermeiden wollen.

Das Messinstrument fußt auf dem Selbstwirksamkeitskonzept nach Bandura, das auf dessen sozial-kognitive Lerntheorie zurückgeht (Egger, 2015, S. 283). Unter der Selbstwirksamkeit (self-efficacy-belief) versteht man allgemein die Überzeugung mit den eigenen Fähigkeiten auftretende Herausforderungen und Probleme erfolgreich bewältigen zu können. Anders formuliert handelt es sich um das Vertrauen in die eigene Handlungsfähigkeit (Egger, 2015, S. 284). Bedeutsam für Angst- und Panikpatienten ist das Konzept der Selbstwirksamkeit insbesondere deshalb, weil Menschen mit einem überwiegend starken Glauben an die eigenen Kompetenzen eine niedrigere Anfälligkeit für Angststörungen und Depressionen aufweisen. Ferner sind sie erfolgreicher im Berufsleben und zeigen eine höhere Ausdauer bei Leistungsaufgaben (Egger, 2015, S. 283). Da es sich sowohl bei Angst- und Panikerkrankungen als auch bei der Selbstwirksamkeit um keine völlig neuen Forschungsfelder handelt, ist ein quantitatives Studiendesign angebracht. Denn qualitative Erhebungen bieten sich insbesondere bei noch recht neuen Themengebieten bzw. Grundlagenforschung an (Tausch, 2018, S. 14).

Während der Planung macht sich das Team außerdem Gedanken darüber, ob physiologische Messungen an den Patienten sinnvoll sind. Einerseits geht hiermit ein erheblich höherer Zeit- und Kostenaufwand einher. Andererseits könnte auf diese Weise die Fragestellung geklärt werden, ob sich eine höhere körperliche Fitness positiv auf die SWE auswirkt. Das Team entscheidet sich für folgendes Vorgehen: Unter der Maxime, dass den Patienten nur so viel wie unbedingt nötig zugemutet werden soll, wird im Rahmen der stationären Aufnahme und der Entlassung der Ruhepuls bestimmt. Ggf. könnte durch die sporttherapeutische Intervention der Ruhepuls der Sportgruppe langsamer werden, weil das Herz durch das 12-wöchige Training stärker wird. Das Ziel des Vorgehens liegt darin, festzustellen, ob eine höhere körperliche Fitness (festgestellt über einen langsameren Ruhepuls) mit einer verbesserten SWE korreliert. Ausführlichere physiologische Messungen sind aus Kosten- und Zeitgründen nicht geplant. Die Erhebung der Daten erfolgt mittels eines randomisierten Kontrollgruppendesigns, das die Teilnehmer zufällig, entweder für die Sportintervention oder Kontrollgruppe, einteilt.

Eine Übersicht des Schemas bietet folgende Abbildung:

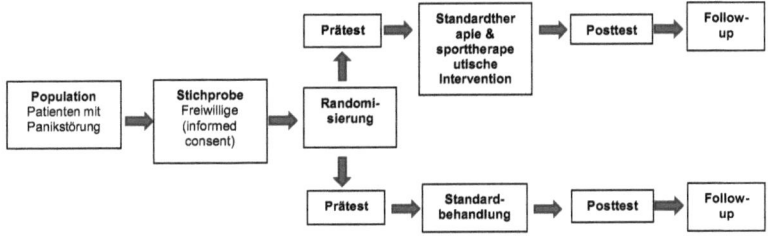

Abbildung 1: Randomisierte klinische Kontrollgruppenstudie mit Messwiederholungen

(Quelle: In Anlehnung an Döring/Bortz, 2016, S. 209)

Das konkrete Vorgehen gestaltet sich folgendermaßen: Die ersten Messungen findet vor dem Beginn der 12-wöchigen Sportintervention statt. D. h. alle Teilnehmer füllen am Tag ihrer Anreise zunächst den Fragebogen aus. Darüber hinaus notiert eine Pflegefachkraft den Ruhepuls aller Teilnehmer. Dies sollte jedoch nicht direkt bei der Ankunft geschehen, weil die Patienten mit hoher Wahrscheinlichkeit aufgeregt sind. Deshalb wäre ein besserer Zeitpunkt eventuell am früheren Abend, wenn die Patienten bereits ihr Zimmer bezogen, ihren Therapieplan erhalten haben und sich bereits in der Klinik orientieren können.

Ab jetzt differenzieren sich die Probanden in die Versuchsgruppe mit herkömmlichem Behandlungsspektrum und sporttherapeutischer Intervention und in die Kontrollgruppe mit der Standardtherapie bestehend aus der üblichen Psychotherapie und Pharmakotherapie sowie den multimodalen Angeboten der Klinik. Weitere Datenerhebungen finden dann wieder am Ende des Klinikaufenthaltes statt: Alle Teilnehmer füllen erneut den Fragebogen aus und allen Teilnehmer wird der Ruhepuls von einer Pflegefachkraft gemessen.

Um feststellen zu können, ob sich die Intervention längerfristig auswirkt, wird jeweils drei und zwölf Monate nach dem Klinikaufenthalt im Rahmen der Follow-up-Messung der Fragebogen an die Patienten beider Gruppen versendet. Zusätzlich werden sie gebeten, ihren Ruhepuls auszuzählen. So lassen sich ggf. länger andauernde Unterschiede zwischen der Interventions- und Kontrollgruppe eruieren.

Das randomisierte Kontrollgruppendesign bietet wissenschaftlich betrachtet einige Vorteile, wie z. B. die bessere Vergleichbarkeit der Gruppen aufgrund der zufälligen Einteilung. Weiterhin lässt die Messung des Ausgangniveaus einen Schluss darüber zu, ob die beiden Gruppen hinsichtlich der relevanten Merkmale (hier SWE und Ruhepuls) auch tatsächlich vergleichbar waren. Selbst wenn keine Vergleichbarkeit gegeben sein sollte, kann das Ausmaß der Veränderung beider Gruppen anschließend zueinander ins Verhältnis gesetzt werden, wodurch dann trotzdem die Wirksamkeit der Intervention bewertet werden kann (Tausch, 2018, S. 21).

Das Forschungsteam ist sich auch möglicher Nachteile des Designs bewusst. Am deutlichsten sticht wohl die Tatsache hervor, dass die Patienten der Kontrollgruppe bemerken werden, dass ein anderer Teil der Patienten eine zusätzliche therapeutische Maßnahme durchläuft. Hieraus kann ein Gefühl der Benachteiligung entstehen. Im Gegenzug könnten sich die Patienten der Sportgruppe bevorteilt fühlen. Beide emotionalen Gefühlslagen verzerren ggf. die Ergebnisse durch ein entsprechend schlechteres oder besseres Befinden der Patienten. Die Folge wäre eine Überschätzung der Intervention. Die mögliche Lösung, dass die Kontrollgruppe zu einem späteren Zeitpunkt auch die Intervention durchläuft und nach Tausch (2018, S. 22) eine „Wartegruppe" bildet, ist wohl im Rahmen einer solchen klinischen Studie, wie hier beschrieben, nur schwer realisierbar.

Ein weiterer unerwünschter Effekt ist der Übungseffekt, der sich v. a. bei Nachher-Messungen einstellen kann (bspw. dem wiederholten Ausfüllen des Fragebogens und dem wiederholten Messen des Ruhepulses). Die Folge wäre eine Überschätzung der Wirksamkeit der Maßnahme. Auch in der Kontrollgruppe kann es aufgrund der erhöhten Aufmerksamkeit, z. B. weil sie als Studienteilnehmer ausgewählt wurden, zu einer deutlichen Besserung der Symptomatik führen. Daraus würde dann eine Unterschätzung der Maßnahme resultieren.

Weil die einmalige Messung direkt nach einer Intervention von den genannten Effekten verzerrt sein kann, werden in der geplanten Studie zwei Follow-up-Messungen erhoben. Zudem würden sonst lediglich die kurzfristigen Lerneffekte analysiert und nicht, ob es etwa längerfristige Wirkungen des Klinikaufenthaltes gibt.

1.3 Sporttherapeutische Intervention

Der Einsatz von Sport- und Bewegungstherapien gehört in psychiatrischen Kliniken insbesondere im Kontext der Behandlung von Depressionen mittlerweile zum Alltag. Grundsätzlich wird ihnen eine Stärkung der Eigeninitiative, der Selbstverantwortung, der Kommunikation und dem Sozialverhalten zugebilligt. Zudem sollen sich durch Sport und Bewegungstherapien Rückzugstendenzen verringern und das Kompetenzerleben (Selbstwirksamkeitserwartung) erhöhen (Weigelt/Steggemann/Machlitt/Engbert, 2012, S. 91). Bislang wurde v. a. der Nutzen von Ausdauer- und Krafttrainings untersucht. Insbesondere für die Probleme von Panikpatienten soll dieses Standardprogramm um bestimmte Elemente erweitert werden. Hierzu gehört in Anlehnung an Weigelt et al. (2012, S. 92) die Förderung des spontanen Handelns und der kognitiven Flexibilität durch solche Spiel- und

Bewegungsformen, die die Patienten vor ständig wechselnde Bedingungen stellen. Weiterhin gilt es, Fehler zu entkatastrophisieren, bspw. durch Sportspiele wie „Völkerball" oder „Ball über die Schnur". Um die Körperwahrnehmung und -kontrolle zu verbessern können Elemente aus dem Yoga hilfreich sein. Sie schulen etwa die aktive Beeinflussung der Körperwahrnehmung und die gezielte Steuerung des Körpers, was insbesondere für Panikpatienten bedeutsam sein kann. Essentiell bei allen sporttherapeutischen Anwendungen ist, darauf zu achten, dass die Patienten v. a. am Anfang nicht überfordert werden. Sonst drohen Selbstzweifel, Scham und Verweigerung. Weigelt et al. (2012, S. 93) betonen, die sporttherapeutischen Maßnahmen entfalten ihr volles Potential insbesondere dann, wenn sie von psychotherapeutischer Seite reflektiert werden. Die Patienten sollten über ihre körperlichen Erfahrungen sprechen und die Veränderungen thematisieren. Durch eine behutsame moderate Steigerung der Intensität in einem adäquaten Verhältnis zur Leistungsfähigkeit der Patienten ist eine Steigerung der SWE zu erwarten. Ein möglicher Trainingsplan ist in nachstehender Tabelle aufgezeichnet:

Zeit	Montag	Mittwoch	Freitag
10-11.30	Warm-up	Warm-up	Warm-up
	Gruppenspiel	Walking in der Natur	Gruppenspiel
	Konditionstraining	Reflexion in der Gruppe	Krafttraining
	Cool-down		Yoga (mit Cool-down am Ende)

Tabelle 1: Trainingsplan

(Quelle: Eigene Darstellung)

1.4 Sampleauswahl

Die Auswahl der Stichprobe und die Einteilung der Teilnehmer in die Versuchs- und die Kontrollgruppe erfolgen nach dem Zufallsprinzip, d. h. randomisiert. Das Ärzte- und Therapeutenteam trifft keine Vorauswahl, die Patienten werden zufällig aus der Grundgesamtheit aller Panikpatienten der Klinik gezogen und aufgeteilt. Hiermit wird das Ziel angestrebt, etwaige Störfaktoren so klein wie möglich zu halten und die Validität zu erhöhen (Stein, 2019, S. 130). Etwaige Unterschiede der Gruppen vor der Intervention sind somit gesichert zufällig entstanden und können bei der Auswertung der Daten zueinander ins Verhältnis gesetzt werden.

Um ein möglichst aussagekräftiges Ergebnis zu erzielen, soll es 200 Versuchspersonen geben. Dabei ist einzukalkulieren, dass es Studienabbrecher oder Verweigerer geben kann. Insbesondere die Follow-up-Messungen, bei denen sich die

Patienten bereits Zuhause befinden, könnten anfällig für den Non-Response-Fehler sein (Döring/Bortz, 2016, S. 296).

1.5 Datenerhebung und Datenauswertung

Die Implementierung eines neuen Messinstrumentes ist nicht nur zeit- sondern auch sehr kostenintensiv. Neben einer Operationalisierung der gewünschten Parameter und Konstruktion von geeigneten Dimensionen, Kategorien und Indikatoren müssten zudem ein Testmanual und Pre-Tests durchgeführt werden (Reinhardt/Ornau, 2016, S. 73-76).

Aus den genannten Gründen hat sich das Team für die Verwendung des schon länger existierenden standardisierten Fragebogens „Skala zur Allgemeinen Selbstwirksamkeitserwartung" von Schwarzer und Jerusalem (2003) entschieden. Er zeichnet sich u. a. durch seine Kürze aus und ist in durchschnittlich vier Minuten beantwortet (Schwarzer/Jerusalem, 2003). Den zehn geschlossenen Items (Fragen) stehen jeweils ebenfalls vier geschlossene Skalen (Antwortoptionen) gegenüber (stimmt nicht, stimmt kaum, stimmt eher, stimmt genau). Der Fragebogen „dient der Analyse, wie weit sich Menschen ihre Erfolgs- und Misserfolgserfahrungen selbst zuschreiben und auf ihre alltägliche Lebensweise übertragen oder nicht (Schwarzer, 2014, S. 2). Das Messinstrument erfasst in der geplanten Studie, wie sich die Panikpatienten vor und nach der Intervention bezüglich ihrer Kompetenzerwartung, Herausforderungen zu meistern, bewerten. Da sich der Fragebogen bereits seit über zwei Jahrzehnten international in der Anwendung und in steter Überarbeitung befindet, gelten die Gütekriterien als ausreichend untersucht und es wurden in zahlreichen Studien gute psychometrische Kennwerte bewiesen (Schwarzer, 2014, S. 2).

Weil über 50% der Panikpatienten komorbid auch an einer Depression erkrankt sind (Wittchen/Jacobi, 2004, S. 14), kommt außerdem der Montgomery-Asberg-Depression-Rating-Scale (MADRS) von Asberg und Montgomery (1979) zum Einsatz. Auf diese Weise kann außerdem geprüft werden, ob sich das Sportprogramm ggf. auch auf eine häufig komorbid auftretende Depression auswirkt und wie sich die drei Parameter Panik, Depression und Sport gegenseitig beeinflussen.

Als weitere Kontrollvariablen werden die Patienten nach ihrem Geschlecht und ihrem Alter gefragt, sodass bspw. Unterschiede zwischen Frauen und Männer oder unterschiedlichen Altersklassen eruierbar sind. Des Weiteren sollen die Probanden angeben welche Medikamente und in welcher Dosierung sie diese einnehmen.

Nach der Datenerhebung kommt es zur Übertragung in das Statistikprogramm SPSS, worin sie dann mittels entsprechender analytischer Verfahren ausgewertet werden. Exemplarisch kann geprüft werden, ob sich die Entwicklung der Panikstörung nach der sporttherapeutischen Intervention signifikant von der der Kontrollgruppe unterscheidet. Außerdem könnte geprüft werden, ob sich das Sportprogramm auf Frauen und Männer unterschiedlich auswirkt oder ob der Grad des Erfolgs der Intervention auch davon beeinflusst wird, ob und wie stark eine Depression komorbid vorliegt.

1.6 Ergebnisse und Interpretation

Selbst nach einer sehr gut geplanten und professionell durchgeführten Studie sind deren Ergebnisse immer mit einem kritischen Blick zu betrachten. Neben den unter 1.3 beschriebenen Effekte können zudem weitere Faktoren die Daten beeinflussen. Hierfür kommt etwa die Tagesform einer Person infrage, d. h. sie wird an einem besonders guten Tag den Fragebogen zur Selbstwirksamkeitserwartung entsprechend anders ausfüllen als an einem besonders schlechten Tag. Auch die häusliche Umgebung im Rahmen der Follow-up-Messung kann z. B. durch den Einfluss von Familienmitgliedern verzerrt werden.

Aufgabe 2

2.1 Besonderheiten von Patienten mit Panikstörung

Allen Angsterkrankungen ist gemein, dass sie sich durch eine nicht objektiv begründbare Angst auszeichnen (Caspar/Pjanic/Westermann, 2018, S. 65). Die Begriffe Panik-attacke und Panikstörung sind zu differenzieren. Erstere zeichnet sich durch eine klar abgrenzbare Episode intensiver Angst aus. Die Panik muss zudem unerwartet eintreten; ist sie hingegen auf einen bestimmten Auslöser zurückzuführen, spricht man eher von einer Phobie (Kring/Johnson/Hautzinger, 2019, S. 217). Weiter müssen mindestens vier Symptome plötzlich auftreten. Zu diesen gehören u. a. Herzrasen, Zittern, Kurzatmigkeit, Atemnot, Schweißausbrüche, Angst zu sterben, Übelkeit, Benommenheit, Schwindel, Taubheitsgefühle und Kribbelgefühle. Für gewöhnlich erreichen die Symptome innerhalb von etwa zehn Minuten ihren Höhepunkt (In-Albon/Margraf, 2020, S. 1074). Die Dauer des akuten Angstzustands dauert durchschnittlich 30 Minuten, in Extremfällen bleibt der Ausnahmezustand bis zu zwei Stunden aufrechterhalten (Petermann/Maercker/Lutz/Stangier, 2011, S. 227). Gelegentlich kommt es während einer Panikattacke zu einer Depersonalisation, d. h. der Betroffene hat das Gefühl „neben sich zu stehen". Außerdem kann eine Derealisation, ein Wirklichkeitsverlust, eintreten. Die Panikstörung kennzeichnet sich durch wiederholte unerwartete Angstanfälle, die wiederum Angst vor weiteren Anfällen auslösen (Kring et al., 2019, S. 216). Hieraus resultiert häufig ein Vermeidungs- und Sicherheitsverhalten der Patienten. Dieser Zustand muss über einen Monat hinweg andauern, bevor von einer Panikstörung gesprochen werden darf.

Zusammengefasst ist die Panikattacke dem Versagen des physiologischen Angstsystems geschuldet. Fälschlicherweise ist das sympathische Nervensystem so hochgradig erregt, als befände sich die Person in Lebensgefahr (Kring et al., 2019, S. 217).

Nach der internationalen Klassifikation psychischer Störungen (ICD) (Dilling/Mombour/Schmidt, 2014, S. 190) gehört die Panikstörung (auch episodisch paroxysmale Angst, F41.0) zu den neurotischen, Belastungs- und somatoformen Störungen (F40-F48). Innerhalb dieser Sparte wird sie den „anderen Angststörungen" (F41) zugeteilt. Typischerweise sind Panikattacken nicht vorhersehbar und überfallen die Patienten „aus heiterem Himmel". Hierdurch entsteht ein hoher Leidensdruck und es kommt zu einer Erwartungsangst vor der nächsten Attacke (Caspar et al. 2018, S. 73). Aufgrund der genannten Faktoren entsteht eine „Teufelskreis" der Angst:

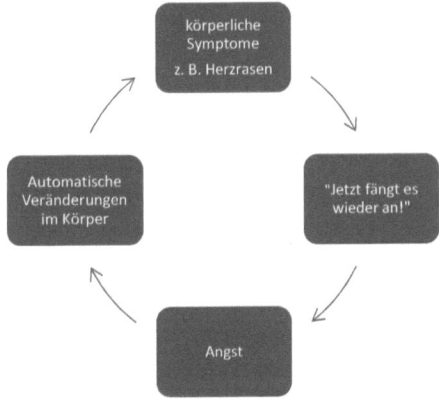

Abbildung 2: Teufelskreis der Angst

(Quelle: In Anlehnung an In-Albon/Margraf, 2020, S. 1086)

Besonders unangenehm ist für die Betroffenen das Gefühl, den Überfällen der Panikattacken ausgeliefert zu sein und keine Kontrolle über das Geschehen zu besitzen. Dies kann dazu führen, dass die Patienten Angst haben, wahnsinnig zu werden. Aus diesem Grund leiden die Betroffenen häufig komorbid unter einer Agoraphobie, wenn sie z. B. den Ort meiden, an dem die letzte Panikattacke auftrat. Angststörungen gehen insgesamt betrachtet häufig mit einer weiteren Angststörung einher, die Komorbidität ist ausgesprochen hoch. Etwa drei Viertel der Angstpatienten weisen außerdem eine weitere psychische Erkrankung auf, hierzu zählen v. a. depressive Episoden, Substanzmissbrauch und Persönlichkeitsstörungen (Kring et al., 2019, S. 219). In Folge dessen berichten die Patienten häufig von sozialen, beruflichen und physischen Einschränkungen. Im Vergleich zu Patienten anderer Angsterkrankungen sind Patienten der Panikstörung häufiger in Notfalleinrichtungen zu finden, weil Symptome wie Schmerzen in der Brust etwa mit einer lebensbedrohlichen Erkrankung wie einem Myokardinfarkt („Herzinfarkt") verwechselt werden (In-Albon/Margraf, 2020, S. 1078).

2.2 Konsequenzen für die Studie

Da sich die Panikpatienten wegen der Erwartungsangst häufig in einem Spannungszustand befinden, sollten sie sich durch die therapeutische Intervention keinesfalls überfordert fühlen und die Teilnahme als überbordende Last empfinden. Andernfalls droht die Gefahr der Demotivation, des Teilnahmeabbruchs oder einer Verschlimmerung der Symptomatik. Deshalb muss das Forschungsteam bei jedem

Vorhaben genauestens abwiegen, ob die an den Patienten gestellte Aufgabe zum einen wirklich nötig und zum anderen aus medizinischer und psychotherapeutischer Sicht zumutbar ist.

Das quantitative Studiendesign ist bei dem vorliegenden Sachverhalt einem qualitativen vorzuziehen. Eine qualitative Vorgehensweise etwa mit Interviews würde sich sehr wahrscheinlich als unpraktisch erweisen, wenn die Patienten bspw. während der Gespräche Panikattacken bekommen. Außerdem würden Tonaufzeichnungen, wie sie bei solchen Studien i. d. R. üblich sind, zusätzlichen Stress verursachen, der wiederum Angstanfälle provozieren könnte.

Die Durchführung der Studie steht folglich vor der Herausforderung, wie mit Unterbrechungen durch akute Angstzustände umgegangen wird. Sowohl beim Ausfüllen des Fragebogens als auch bei den sporttherapeutischen Interventionen wird es mit hoher Wahrscheinlichkeit zu Fällen von Panikattacken kommen. Hierfür muss die Klinik Sorge tragen, dass eine Fachperson anwesend ist, die sich um den Betroffenen kümmert. Ansonsten könnte die Gruppe ihr Training nicht fortsetzen. Grundsätzlich sollte das Ziel verfolgt werden, zumindest nach kürzeren oder weniger schweren Panikattacken die Teilnahme am Sportprogramm fortzuführen, gleiches gilt für das Ausfüllen des Fragebogens. Allerdings muss hier stets individuell abgewogen werden. Fraglich ist der Umgang mit Trainingsabbrüchen. Der Grund hierfür sollte vom Physiotherapeuten vermerkt werden und u. U. ist es sinnvoll die Anzahl abgebrochener Trainingseinheiten pro Studienteilnehmer zu vermerken und in die statistische Auswertung einfließen zu lassen.

Den Fragebogen betreffend sollte unbedingt eine standardisierte Form gewählt werden. Einerseits ist das Auswerten frei formulierter Antworten aus studienökonomischen Gründen hier nicht sinnvoll. Der Zeit- und Personalaufwand wäre erheblich und die Antworten sind schwierig zu systematisieren. Andererseits steigt die Wahrscheinlichkeit, dass durch das eigenständige Formulieren der Patienten ein Angstanfall eintritt. Anders formuliert: Je kürzer der Fragebogen, desto unwahrscheinlicher ist das Vorkommen einer Panikattacke. Weiterhin haben die Patienten hierdurch eher das Gefühl, die Aufgabe ist für sie machbar. Deshalb sollte der Fragebogen lediglich aus geschlossenen Fragen (Items) und Antwortmöglichkeiten (Skalen) bestehen. Zudem sollten die Abstufungen der Antwortmöglichkeiten überschaubar sein, um Entscheidungsschwierigkeiten zu reduzieren, d. h. es sollten höchstens fünf Kategorien (bspw. stimmt nicht, stimmt kaum, weiß nicht, stimmt eher, stimmt genau) sein (Mummendey/Grau, 2014, S. 75-77).

Weiterhin darf der Fragebogen nicht unmittelbar nach einer Panikattacke ausgefüllt werden, weil diese Episoden den Patienten viel Kraft abverlangen. Hierdurch kann die

Konzentration beeinträchtigt sein und im Zuge dessen ist mit einer emotionalen Niedergeschlagenheit und Müdigkeit zu rechnen. Auch sie würde das Ausfüllen negativ beeinflussen.

Das Ausfüllen des Fragebogens im Rahmen der Follow-up-Studie im häuslichen Umfeld der Patienten birgt das Risiko, dass eine weitere Person Einfluss auf das Antwortverhalten nimmt. Hier bleibt unklar, ob und inwiefern Familienangehörige beim Ausfüllen anwesend sind und ggf. durch Kommentare das Antwortverhalten des Patienten beeinflussen.

Für das Auszählen des Ruhepulses gilt es darauf zu achten, dass sich der Patient keinesfalls gerade in einem psychischen Ausnahmezustand (wie Panikattacke) befindet, weil dies bspw. wegen starken Herzklopfens den Wert verzerren würde.

Unter bestimmten Umständen, welche im Vorfeld abgeklärt werden müssen, sollten Patienten von der Studie ausgeschlossen werden. Hierzu gehören Substanzmissbrauche (bspw. Alkohol, Drogen), Suizidgefährdung und akute Psychosen. In diesen Fällen sind die Patienten u. a. wegen entsprechender Medikamentierung oder wegen des Konsums von psychotropen Substanzen nicht in der Lage an der Erhebung teilzunehmen. Ihre Beeinträchtigungen wie Konzentrationsstörungen oder Benommenheit lässt keine adäquate Beantwortung von Fragen zu (Wittchen/Hoyer, 2011, S. 734, 745). Weiter stellt die Teilnahme an einem regelmäßigen Sportprogramm eine zu hohe Belastung dar. Somit wären auch die Folgen für die Datenerhebungen nicht tragbar.

Aufgabe 3

3.1 Verfahren und Ziele der Metaanalyse

Die Metaanalyse geht auf Gene V. Glass (1976) zurück, der den Begriff „analysis of analysis" prägte (Glass, 1976, S. 3). Neben der Primär- und Sekundäranalyse stellt die Metaanalyse einen dritten Forschungstyp dar. Häufig prüfen Metaanalysen die Wirksamkeit einer bestimmten Maßnahme wie einer psychotherapeutischen Behandlung, einer Medikamentengabe oder einer Lehrmethode (Döring/Bortz, 2016, S. 897). Während bei der Primär- und Sekundäranalyse Originaldaten für die Auswertung Verwendung finden, verfolgt die Metaanalyse die (meist quantitative) statistische Zusammenfassung und Auswertung möglichst aller vorhandenen empirischer Studienergebnisse zu einem spezifischen Thema (Weiß/Wagner, 2019, S. 1511). Grundsätzlich gibt es sowohl quantitative als auch qualitative Metaanalysen. Die Anzahl der quantitativen Metaanalysen ist in den letzten Jahren erheblich gestiegen. Oftmals vereint sie in ihrer Analyse Dutzende oder Hunderte quantitative Studien zu einem bestimmten Thema. Die qualitative Metaanalyse hingegen kommt deutlich weniger zum Einsatz (Döring/Bortz, 2016, S. 894). Ähnlich wie ein systematisches Review zielt die Metaanalyse darauf ab, einen Überblick über den Forschungsstand zu geben. Im Gegensatz zu einer (quantitativen) Metaanalyse sind Reviews jedoch weniger standardisiert und deutlich subjektiver, weshalb Metaanalysen eine höhere wissenschaftliche Aussagekraft besitzen. Anhand ihrer können bspw. Feststellungen zu statistischen Effekten wie Mittelwert, Korrelation, Prozentwert, relativem Risiko und Quotenverhältnis getroffen werden. Weitere Ziele sind die Schätzung des Gesamteffekts und das Aufspüren von Moderatorvariablen, welche ursächlich dafür sind, dass ein Effekt unter bestimmten Umständen größer oder kleiner ausfällt (Döring/Bortz, 2016, S. 895). Neben den statistischen Kennwerten geht es auch darum festzustellen, wie sich Studien voneinander unterscheiden und wie sich ihre unterschiedlichen Studienergebnisse erklären lassen. Weil es in der wissenschaftlichen Publikation die Tendenz gibt, solche Studien zu veröffentlichen, die signifikante bzw. theorie- und hypothesenkonforme Ergebnisse vorweisen („publication bias"), soll für eine Metaanalyse auch „graue Literatur" verwendet werden. Dabei handelt es sich bspw. um Konferenzbeiträge, Arbeitspapiere oder Examensarbeiten (Weiß/Wagner, 2019, S. 1511-1512). Eine wesentliche Stärke der Metaanalyse liegt in der Analyse eines ganzen Konglomerats von Studien, wie es einzelne Untersuchungen oder Datensätze für sich betrachtet nicht erbringen können.

Das konkrete Vorgehen einer Metaanalyse gleicht grundsätzlich dem eines sozialwissenschaftlichen Forschungsprozesses und gestaltet sich wie folgt (Weiß/Wagner, 2019, S. 1514):

1. Problemspezifikation und Hypothesenbildung
2. Datenerhebung
3. Datenaufbereitung
4. Datenanalyse
5. Interpretation der Befunde

Der erste Punkt (Problemspezifikation) gleicht im Grunde dem Ablauf anderer empirischer Studien. Es sollten lediglich bereits ausreichend Veröffentlichungen vorhanden sein, um diese analysieren zu können.

Der zweite Schritt, die Datenerhebung, erfordert eine vollständige und systematische Literaturrecherche. Hierfür eigenen sich neben den entsprechenden wissenschaftlichen Datenbanken auch Expertenbefragungen. Zudem sollte „graue Literatur" gesichtet und die gefundene Literatur nach weiteren Quellen („Schneeballsystem") durchsucht werden.

Ähnlich der Dateneingabe einer Primärstudie wird das gefundene Material vercodet und elektronisch gespeichert. Im Fokus stehen hierbei die Befundstatistiken (Kenngrößen wie Effektstärke und Standardfehler), sie dienen der Berechnung des Gesamteffekts. Weiter zählen Publikationsmerkmale (z. B. Publikationstyp und -jahr), Studien- und Stichprobenmerkmale (z. B. Jahr der Erhebung, Stichprobendesign) oder auch Qualitätsmerkmale zu den vercodeten Daten. Auf Basis der letzten Parameter gründet später die Erklärung für abweichende Ergebnisse und die Übertragbarkeit von Befunden anhand von Moderatorvariablen. Die Moderatorvariablenanalyse stellt systematische Unterschiede zwischen den Studien heraus (Döring/Bortz, 2016, S. 896, Weiß/Wagner, 2019, S. 1514).

Der vierte Punkt der Datenanalyse besteht i. d. R. aus drei Schritten. Die Befundintegration (Näheres hierzu unter Punkt 3.2) umfasst die Zusammenfassung der einzelnen Befundstatistiken zu einer Gesamtstatistik. Die Variation der Befundstatistiken wird mit der Heterogenitätsanalyse geprüft. Zuletzt untersucht die Analyse fehlender Werte, ob ein Publikationsbias vorliegt.

Zuletzt werden die Ergebnisse der einzelnen Schritte erläutert und zusammengefasst. Wichtig ist dabei u. a. die Transparenz, welche Studien Eingang in die Metaanalyse gefunden haben. Abschließend müssen die Ergebnisse in den Gesamtzusammenhang eingeordnet, die Forschungsfrage beantwortet und die statistischen Ergebnisse erläutert werden.

Zu den wissenschaftlichen Anliegen der Metaanalyse gehört z. B., dass die empirische Forschung sich kumulativ entwickelt. Darunter versteht man die Schließung von Wissenslücken, welche die vorangegangene Forschung offengelassen hat. Ein weiteres Ziel liegt in der Zusammenfassung von Forschungsergebnissen, indem sie den Blickwinkel auf eine Gesamtheit von Maßnahmen (bspw. einer bestimmten Therapie) richtet. So kann etwa die beste Methode zur Behandlung von Panikattacken unter einer Vielzahl von Behandlungsmöglichkeiten eruiert werden. Zuletzt ist die Generalisierbarkeit zu nennen, die mittels Metaanalysen vorangetrieben wird. Durch das Einbinden einer Vielzahl von Studien sollen möglichst universale Gesetze und Zusammenhänge aufgedeckt und die Befunde so weit wie möglich generalisierbar werden (Allen, 2009, S. 400-401).

3.2 Methoden der Befundintegration

Wie bereits erwähnt ist die Befundintegration der erste Schritt der Datenanalyse und kann auf unterschiedliche Weise durchgeführt werden.

Das Vote-Counting kommt zum Einsatz, wenn nur Informationen über die Richtung und die statistische Signifikanz der Effekte vorliegen. Sie werden danach sortiert, ob sie signifikant positiv, signifikant negativ oder nicht signifikant sind. Daraufhin schließt sich die Ermittlung des Modalwerts der Verteilung an. Dieser stellt dar, welche der drei Kategorien in den untersuchten Studien am häufigsten auftritt. Sind Informationen über die Befundstatistik und den Standardfehler vorhanden, erfolgt die Integration von Befunden, indem sie zu einem gewichteten arithmetischen Mittel zusammengefasst werden. Fraglich ist dabei, auf welche Art und Weise einzelne Studien für die Zusammenfassung gewichtet werden sollen, denn deren Befundstatistiken weisen schon wegen der Stichprobenfehler eine gewisse Streuung auf (Tausch, 2018, S. 80). Hierfür gibt es zwei Optionen: Die Methode zur Berechnung des arithmetischen Mittels auf Basis des Fixed-Effects-Models (FEM, Modell fester Effekte) geht davon aus, dass allen analysierten (Primär-) Studien derselbe Populationseffekt zugrunde liegt und die Differenzen zwischen den Studien bzw. der Effektgrößen lediglich auf den Stichprobenfehler zurückzuführen sind. Weil Studien mit einer kleinen Stichprobe einen höheren Stichprobenfehler aufweisen, gehen sie mit einem geringeren Gewichtungsfaktor in die Berechnung des gewichteten Durchschnitts der Metaanalyse ein (Döring/Bortz, 2016, S. 896).

Die zweite Möglichkeit stellt die Berechnung des arithmetischen Mittels anhand des Random-Effects-Models (REM, Modell zufallsbedingter Effekte) dar. Es geht davon aus, dass außer den Stichprobenfehlern noch weitere, den Primärstudien eigene Effekte (möglicherweise unbekannte) für Unterschiede sorgen. Anders als das FEM nimmt das REM an, dass jede (Primär-) Studie auf einer anderen Population fußt (bspw. unterschiedliche Stichproben an Studienteilnehmern oder Untersuchungsbedingungen). Weil diese studienspezifischen Effekte im Einzelnen nicht bekannt sind, gehen sie als Zufallsfehler in die Berechnung ein. Folglich berücksichtigt das REM neben dem Stichprobenfehler (d. h. den Messwertunterschieden innerhalb der Studie) auch die Unterschiedlichkeit zwischen den Studien (Döring/Bortz, 2016, S. 896). Wie bei FEM wird auch hier eine Studie mit kleinerem Stichprobenumfang geringer gewichtet. Unterscheiden sich Studienergebnisse (bzw. die Effekte) deutlich voneinander, geht man davon aus, dass sie Informationen integrieren, welche die anderen Studien nicht vorweisen. Sie werden deutlich stärker gewichtet (Döring/Bortz, 2016, S. 896).

3.3 Vor- und Nachteile von Metaanalysen

Ein Vorteil von Metaanalysen im Gegensatz zu narrativen Reviews ist ihre höhere Standardisierung (v. a. bei quantitativen Metaanalysen) und ihre geringere Subjektivität (Döring/Bortz, 2016, S. 898). Insbesondere im sozialwissenschaftlichen Kontext, wo es häufig zu heterogenen Ergebnissen kommt, kann die Metaanalyse klären, wie groß die Heterogenität ist und welche Faktoren hierfür ursächlich sind.

Weil bei Metaanalysen ein Gesamteffekt berechnet und dieser auf Signifikanz geprüft wird, stellen sie einen „wahren" Populationseffekt eher dar als eine Primärstudie. Dies ist darauf zurückzuführen, dass die Gesamtstichprobe aus vielen unabhängigen Einzelstichproben besteht und hierdurch eine höhere Teststärke entsteht (Döring/Bortz, 2016, S. 896). Infolgedessen ist außerdem die statistische Validität höher. Aufgrund der unterschiedlichen Operationalisierungen der zu untersuchenden Konstrukte von zahlreichen Studien ist die Konstruktvalidität höher als bei Primärstudien. Weiter ist die interne Validität von Metaanalysen i. d. R. höher, weil vorab genau abgewogen wird, welche Primärstudien in die Metaanalyse einbezogen werden; häufig handelt es sich dabei um experimentelle Kontrollgruppenstudien. Überdies ist auch die externe Validität hoch, da mit Hilfe des Studienpools und der Moderatorvariablenanalyse recht exakt festgestellt werden kann, worauf der Effekt gut zu übertragen ist oder nicht (bspw. Settings oder Personengruppen) (Döring/Bortz, 2016, S. 896).

Ein häufiger Vorwurf, dem sich Metaanalysen ausgesetzt sehen, referiert auf den Publikationsbias, der unter Punkt 3.1 bereits thematisiert wurde. Deshalb sind klare Ein- bzw. Ausschlusskriterien für Primärstudien besonders umsichtig zu treffen. Das

„File-drawer-Problem" besteht darin, dass es eine Tendenz bei Wissenschaftlern gibt, überwiegend signifikante Ergebnisse zu veröffentlichen und insignifikante Ergebnisse nicht zugänglich zu machen („in der Schublade zu lassen"). Der Versuch dieser Verzerrung entgegenzuwirken, besteht darin, „graue Literatur" in die Metaanalyse einzubeziehen. Überdies existiert die „fail-safe-N"-Zahl nach Rosenberg, welche die Anzahl von nicht-signifikanten Studien berechnet, die zusätzlich in die betreffende Meta-Analyse aufgenommen werden müssten, damit die Gesamtsignifikanz eines gefundenen Effekts nicht mehr gegeben wäre. Ist die „fail-safe-N"-Zahl sehr hoch, ist davon auszugehen, dass die Ergebnisse gültig sind (Fiebig/Rüdebusch/Urban, 2012, S. 10).

Weiterhin lautet eine Kritik, Metaanalysen würden „Äpfel mit Birnen" („apples and oranges") vergleichen. Damit wird auf die Tatsache Bezug genommen, dass die analysierten Primärstudien nicht miteinander vergleichbar wären (Weiß/Wagner, 2019, S. 1518). Gemeint ist bspw., dass die Eigenschaften der unterschiedlichen Stichproben oder Operationalisierungen der Studien zu sehr voneinander differieren, als dass man sie miteinander vergleichen könnte. Einen Lösungsvorschlag für dieses Heterogenitätsproblem liefern regressionsanalytische Verfahren. Weiß und Wagner (2019, S. 1518) veranschaulichen, dass zu den Kategorien „Äpfel" und „Birnen" die Bezugskategorie „Obst" gebildet wird und somit eine angemessene Generalisierung stattfindet.

Außerdem sieht sich die Methode der Metaanalyse dem Vorwurf ausgesetzt, dass sie Studien unterschiedlicher Qualität miteinander vergleicht. Das „garbage-in, garbage-out"-Problem („wo nur Schrott hineinkommt, kommt auch nur Schrott heraus") prangert an, dass sowohl „gute" als auch „schlechte" Primärstudien in die Metaanalyse einbezogen und zueinander in Beziehung gesetzt werden, was zur Folge hat, dass irreführende Ergebnisse zustande kämen. Ein Lösungsvorschlag besteht in der Bildung von Rating-Skalen für die Primärstudien, um die Qualität derer zu bewerten. Sie werden dann als Gewichtungsfaktoren in der Metaanalyse oder als Prädiktoren in die Heterogenitätsanalyse angewendet (Weiß/Wagner, 2019, S. 1519).

3.4 Erläuterung und Zusammenfassung der Studie von Müller (2020)

Müller (2020) beschreibt, dass der Übergang von der Schule zur Universität sowie die Studienabschlussphase als prägende Phasen im Leben junger Menschen sind, welche häufig mit einem erhöhten Stresserleben einhergehen. Studien zeigten, dass Studierende im Vergleich zu Nichtstudierenden der gleichen Altersklasse häufiger unter psychischen Erkrankungen leiden. Ursächlich hierfür sind v. a. mangelhafte Copingstrategien. Die Relevanz der Thematik ist neben erheblichen Kosten für das

Gesundheitssystem auch deshalb hoch, weil die Beschwerden den Studienerfolg schmälern und zu einer erhöhten Rate von Studienabbrüchen führen. Klassische Symptome und Krankheitsbilder der Studierenden sind Schlaf- und Konzentrationsstörungen sowie Antriebslosigkeit, außerdem Depressionen und Angsterkrankungen. Aus diesem Grund beschäftigt sich die Metaanalyse von Müller (2020) mit der Frage, inwiefern körperliche Aktivität im Sinn einer Coping-Strategie ein stressregulatives, antidepressives und anxiolytisches Potential für Studierende bzw. den „Lebensbereich Hochschule" hat (Müller, 2020, S. 88).

Die Ergebnisse der Studie bestätigen die Erwartung, dass körperliche Aktivität die Stresswahrnehmung, depressive Symptome und Angststörungen von Studierenden abzupuffern vermag (Müller, 2020, S. 105). Die Metaanalyse zeigt, dass körperlich aktive Studierende ein geringeres Stresserleben vorweisen als inaktive Kommilitonen. Weiter scheint die regelmäßige Ausübung von körperlicher Aktivität vor depressiven Störungen zu schützen. Lediglich auf Angststörungen lassen sich die Beobachtungen nicht übertragen. Zusammenfassend bestätigt die systematische Übersicht von Müller (2020) das Ergebnis früherer Studien, dass sich körperliche Aktivität positiv auf das Stresserleben, depressive Symptome und Angstzustände auswirkt und auch für die Zielgruppe der Studierenden zutrifft (Müller, 2020, S. 107). Als Ausblick führt der Wissenschaftler an, dass insbesondere Erhebungen an deutschen Hochschulen wünschenswert wären. Darüber hinaus wäre eine salutogenetische Betrachtung sinnvoll, d. h. welche Verhaltensweisen insbesondere bezogen auf die körperliche Aktivität gesunde Studierende aufweisen und in welchem Zusammenhang die akademische Leistung damit verbunden ist.

Die methodische Arbeitsweise lässt sich wie folgt beschreiben: Die Studie hat bestimmte Zulassungskriterien aufgestellt, nach denen Studien in die Analyse einbezogen wurden. Hierzu gehören bspw. der Zeitraum (2000-2018) die Stichprobengröße (minimal 100). Müller beschreibt, dass „graue Literatur" ausgeschlossen wurde.

Die Literaturrecherche erfolgte systematisch mittels acht Datenbanken (bspw. PubMed, PsycINFO) (Müller, 2020, S. 91). Weiter wurden auf unsystematischem Weg Aufsätze nach dem Schneeballsystem generiert.

Überdies legte Müller bestimmte Einschlusskriterien fest, welche Aufsätze in die Übersicht aufgenommen wurden (bspw. Zielpopulation oder Studien mit einem geringen Verzerrungsrisiko). Um den „Risk of Bias" (das Verzerrungspotential) zu erfassen, verwendete Müller für alle Studien einen Fragebogen in Anlehnung an das AXTIS-Tool, einem speziellen Bewertungsinstrument für Querschnittstudien.

Die statistische Analyse für den Zusammenhang zwischen körperlicher Aktivität und psychischer Gesundheit erfolgte mittels der Odds Ratio (Müller, 2020, S. 95). Es wurden u. a. die Chancen von Exponierten (körperliche aktive Studierende) und Nichtexponierten (körperlich inaktive Studierende) für einen Outcome (Stresserleben, depressive Symptome, Angstzustände) zueinander ins Verhältnis gesetzt.

Für den Abschnitt „Ergebnisse" wird im Folgenden eine Darstellung exemplarisch für weitere Ausführungen der Metaanalyse gezeigt: Nach dem Durchlaufen aller Zulassungs- und Einschlusskriterien blieben sechs Querschnittstudien[2], die den Zusammenhang von körperlicher Aktivität und Stresserleben von Studierenden untersuchten. Dabei weisen 28-77% der Studierenden eine ausreichende körperliche Aktivität vor. Circa ein Viertel der Befragten geben ein moderates Stressniveau an und 11-17% stufen ihre Stresswahrnehmung als hoch ein. Auffällig ist, dass Studentinnen weniger körperlich aktiv sind als ihre Kommilitonen und ihre Stresswahrnehmung hoch einstufen. Müller gibt allerdings zu bedenken, dass die Heterogenität der Studien recht hoch ist und deshalb die Ergebnisse mit Vorsicht zu interpretieren sind (Müller, 2020, S. 95).

---

[2] Sechs Studien untersuchten den Zusammenhang zwischen körperlicher Aktivität und depressiven Symptomen, eine Studie widmete sich dem Zusammenhang zwischen der Inaktivität und depressiven Symptomen anhand der täglichen Sitzzeiten während Medienkonsums, zwei Studien untersuchten den Zusammenhang zwischen Krafttraining und Depressivität, zwei Studien beleuchteten den Zusammenhang zwischen körperlicher Aktivität und Angstsymptomen etc. (Müller, 2020, S. 96-102)

4 Literaturverzeichnis

Allen, M. (2009) Meta-Analysis, Communication Monographs, 76:4, 398-407, DOI: 10.1080/03637750903310386, http://dx.doi.org/10.1080/03637750903310386 Abruf 26.04.2023.

Bandelow, B.; Aden, I.; Alpers, G. W.; Benecke, A.; Benecke, C.; Beutel, M. E.; Deckert, J.; Domschke, K.; Eckhardt-Henn, A.; Geiser, F.; Gerlach, A. L.; Harfst, T. Hau, S.; Hoffmann, S.; Hoyer, J.; Hunger-Schoppe, C.; Kellner, M.; Köllner, V.; Kopp, I., B., ; Langs, G.; Liebeck, H.; Matzat, J.; Ohly, M.; Rüddel, H. P.; Rudolf, S. ; Scheufele, E.; Simon, R.; Staats, H.; Ströhle, A.; Waldherr, B.; Wedekind, D.; Werner, A.M.; Wiltink, J.; Wolters, J. P., Beutel M.E. (2021) Deutsche S3-Leitlinie Behandlung von Angststörungen, www.awmf.orf/leitlinien.html, Abruf am 11.04.2023.

Caspar, F., Pjanic, I., Westermann, S. (2018). Klinische Psychologie, Wiesbaden.

Döring, N., Bortz, J. (2016). Forschungsmethoden und Evaluation und den Sozial- und Humanwissenschaften, 5. vollst. überarb., aktual. und erw. Aufl., Berlin.

Egger, J. W. (2015). Integrative Verhaltenstherapie und psychotherapeutische Medizin, Integrative Modelle in Psychotherapie, Supervision und Beratung, DOI 10.1007/978-3-658-06803-5_12, Wiesbaden.

Fiebig, J., Rüdebusch, G., & Urban, D. (2012). Meta-Analyse und "publication bias": eine empirisch-statistische Fallstudie. (Schriftenreihe des Instituts für Sozialwissenschaften der Universität Stuttgart -SISS- 1/2012). Stuttgart: Universität Stuttgart, Fak. 10 Wirtschafts- und Sozialwissenschaften, Institut für Sozialwissenschaften. https://nbn- resolving.org/urn:nbn:de:0168-ssoar-407931, Abruf am 23.04.2023.

Friedrich, J. (2019). Forschungsethik. In: N. Baur und J. Blasius (Hrsg.), Handbuch Methoden der empirischen Sozialforschung, Wiesbaden, DOI: https://doi.org/10.1007/978-3-658-21308-4_8, S. 67-76.

Glass, G. V. (1976). Primary, Secondary and Meta-Analysis of Research, https://faculty.ucmerced.edu/jvevea/classes/290_21/readings/week%2010/Glass%20 1978.pdf, Abruf, 24.04.2023.

In-Albon, T., Margraf, J. (2020). Panik und Agoraphobie. In: Hoyer, J., Knappe, (Hrsg.), Klinische Psychologie und Psychotherapie, Doi: 10.1007/978-3-662-61814-1_47. S. 1073-1098.

Kring, A. M., Johnson, S. L., Hautzinger, M. (2019). Klinische Psychologie, 9., vollst. überarb. Aufl., Weinheim.

Lexikon der Psychologie, Spektrum.de https://www.spektrum.de/lexikon/psychologie/multimodale-therapie/10109, Abruf 01.05.2023.

Mummendey, H. D., Grau, I. (2014). Die Fragebogen-Methode, 6. korr. Aufl., Göttingen.

Müller, C. (2020). Eine systematische Übersicht und Meta-Analyse von Querschnittstudien zum Zusammenhang zwischen körperlicher Aktivität und psychischer Gesundheit bei Studierenden. In: Göring, A., Mayer, J., Jetzke, M. (Hrsg.), Sport und Studienerfolg. Analysen zur Bedeutung sportlicher Aktivität im Setting Hochschule, Göttingen, S. 87-114.

Petermann, F., Maercker, A., Lutz, W., Stangier, U. (2011). Klinische Psychologie – Grundlagen, Göttingen.

Reinhardt, R., Ornau, F. (2016). Grundlagen der empirischen Sozialforschung, Studienbrief der SRH Fernhochschule, Riedlingen.

Schwarzer, R. (2014). Skala zur Allgemeinen Selbstwirksamkeitserwartung, https://www.researchgate.net/publication/238580838_Skala_zur_Allgemeinen_Selbst wirksamkeitserwartung. Abruf am 10.04.2023.

Schwarzer, R. & Jerusalem, M. (2003). SWE. Skala zur Allgemeinen Selbstwirksamkeitserwartung [Verfahrensdokumentation, Autorenbeschreibung und Fragebogen]. In Leibniz-Institut für Psychologie (ZPID) (Hrsg.), Open Test Archive. Trier: ZPID. https://doi.org/10.23668/psycharchives.4515, Abruf am 09.04.2023.

Stein, P. (2019). Forschungsdesigns für die quantitative Sozialforschung. In: N. Baur und J. Blasius (Hrsg.), Handbuch Methoden der empirischen Sozialforschung, Wiesbaden, DOI: https://doi.org/10.1007/978-3-658-21308-4_8, S. 125-142.

Tausch, A. (2018). Methoden der Arbeits- und gesundheitspsychologischen Forschung, Studienbrief der SRH Fernhochschule, Riedlingen.

Tölle, R., Windgassen, K. (2009). Psychiatrie, 15. erw. u. z. T. neu verf. Aufl., Heidelberg.

Weigelt, M., Steggemann, Y., Machlitt, D., Engbert, K. (2012). Sport und Bewegungstherapie bei psychischen Erkrankungen. In: Psychotherapie im Dialog, 13. Jahrgang, 4/2012, DOI: http://dx.doi.org/10.1055/s-0032-1321414, S. 91-93

Weiß, B., Wagner, M. (2019). Meta-Analysen. In: Bauer, N., Blasius, J. (Hrsg.), Handbuch Methoden der empirischen Sozialforschung, Wiesbaden, DOI: https://doi.org/10.1007/978-3-658-21308-4_112, S. 1511-1520.

Weltgesundheitsorganisation (2014). Internationale Klassifikation psychischer Störungen, ICD-10 Kapitel V (F), Klinisch-diagnostische Leitlinien. Dilling, H., Mombour, W., Schmidt, M. H. (Hrsg.). 9. Aufl., Bern.

Wittchen, H.-U., Jacobi, F. (2004). Angststörungen. In: Robert Koch Institut (Hrsg.), Heft 21, Gesundheitsberichterstattung des Bundes, Berlin.